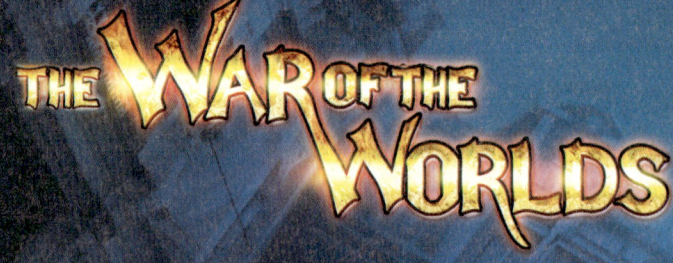

WORDSMITH **RYAN FOLEY**
ILLUSTRATOR **BHUPENDRA AHLUWALIA**
COLOURIST **AKHIL P LAL & PRADEEP SHERAWAT**
LETTERER **BHAVANATH CHAUDHARY**
EDITORS **SUPARNA DEB & ADITI RAY**
EDITOR (INFORMATIVE CONTENT) **RASHMI MENON**
PRODUCTION CONTROLLER **VISHAL SHARMA**
COVER ART & DESIGN **JAYAKRISHNAN KP**

Copyright © 2010 Kalyani Navyug Media Pvt Ltd

All rights reserved. Published by Campfire, an imprint of Kalyani Navyug Media Pvt Ltd.
Korean Translation Copyright © 2012 by Hyejiwon Publishing

No part of this publication may be reproduced, stored in a retrieval system, or transmitted in any form or by any means, electronic, mechanical, photocopying, recording, or otherwise, without written permission from the publisher.

ABOUT THE AUTHOR

Considered one of the pioneers of science fiction, Herbert George Wells was born on 21st September 1866 in England. He was the son of domestic servants who later became shopkeepers. Wells always had a great passion for reading, but with his family struggling to make ends meet, he spent much of his youth shuttling between school and a series of odd jobs. He did everything from working as an apprentice to a draper, to acting as an assistant to a chemist.

At the age of eighteen, Wells joined The Normal School of Science in Kensington to study Biology. Here he was taught by T H Huxley. This was a crucial period of his life as it had an immense influence on his writing.

Wells received a Bachelor of Science from the University of London in 1888, and began to teach. He enjoyed writing stories and articles alongside his day job, and gradually moved into writing on a full-time basis. He married his cousin Isabel Mary Wells in 1891.

The year 1895 was a turning point for Wells, both personally and professionally. It was the year he left his first wife and married a former student, Amy Catherine Robbins. It was also the year when his first major novel, *The Time Machine*, was published.

Still considered one of the greatest science fiction novels of all time, *The Time Machine* was the first in a string of successful books in which Wells's unique take on unusual subjects came to define certain genres. His tales of alien invasion in *The War of the Worlds*, invisibility in *The Invisible Man*, and eugenics in *The Island of Doctor Moreau* have influenced generations of writers.

While most famous for his work in science fiction, Wells worked on a variety of genres. An advocate of social change and member of the British socialist group, the Fabian Society, Wells spent much of his later years writing about his views on politics and society, and even offered predictions about the direction in which the world was headed. H G Wells continued writing until his death at the age of seventy-nine in 1946.

TRIPOD

NARRATOR

OGILVY

NARRATOR'S WIFE

CURATE

ARTILLERYMAN

MARTIANS

It's funny how you recall the important events in your life. At the time, they hardly seem significant.

Like the night I spent with Ogilvy, the well-known astronomer, at Ottershaw, almost six years ago.

That day, The Daily Telegraph had briefly reported sightings of a mass of flaming gas, chiefly hydrogen, originating from Mars and moving with an enormous velocity towards Earth.

Excited at the news, Ogilvy invited me to take a turn at scrutinising the red planet. We studied Mars, but had no idea of the magnitude of what we were witnessing.

That night, there was another jetting out of gas from the distant planet. I saw a flash, just as the clock struck midnight.

Ogilvy took my place and saw the streamer of gas that came out towards us.

"So, what was it, Ogilvy? Were they signalling us?"

"Doubtful, my friend, very doubtful. It's probably meteorites falling in a heavy shower upon the planet."

'Or maybe it was a huge volcanic explosion.'

'But to think that some intelligent life is signalling us? No, I'm afraid I do not believe that.'

As night fell, I was amazed at how the people of our fair town fell back into their regular routines...

BANG! BRONG! BADANG!

...despite the fact that the Martians were just over the hill – hammering, stirring, sleepless, tireless – at work upon the machines they were making ready.

At about eleven that night, a company of soldiers marched towards the pit to form a cordon.

Later, a second company marched through Chobham to deploy on the north side of the pit.

The military authorities were certainly alive to the seriousness of the business.

A few seconds after midnight, a star fell from the skies into the pine woods that lay to the northwest of Woking.

It was the second cylinder.

The streets of Woking were completely deserted. It was strange to see the town so utterly devoid of life.

My heart sank when I returned to the The Spotted Dog Inn and saw the dead body of the landlord flung over the picket fence.

Freezing and soaked to my skin, I was happy to see that our home had survived the destruction.

I let myself in with my latchkey and bolted the door behind me.

My imagination was full of those striding metallic monsters, and of the dead body smashed against the fence.

I crouched at the foot of the staircase with my back to the wall, shivering violently.

The first shell burst a few metres above the hood of a tripod. Simultaneously, two other shells burst in the air near the body as the hood twisted round in time to receive, but not in time to dodge, the fourth shell.

The decapitated monster reeled like a drunken giant, but it did not fall over.

It drove along in a straight line, as if incapable of guidance, and struck the tower of Shepperton Church, smashing it down.

It then swerved aside, blundered on, and collapsed with tremendous force into the river.

A violent explosion shook the air, and a spout of water, steam, mud, and shattered metal shot up far into the sky.

A huge muddy tidal wave, almost scaldingly hot, came sweeping round the bend upstream.

ZZZAANN

I saw the people struggling shorewards, and heard them screaming and shouting faintly above the seething and roar of the Martian's collapse.

For a moment, I heeded nothing of the heat, and even forgot the need for self-preservation.

Thick clouds of steam were rising from the wreckage, and the gigantic limbs were churning the water, flinging sprays of mud and froth into the air.

It was as if the wounded thing was struggling for its life amid the waves.

My attention was suddenly diverted from this death flurry to the other Martians who were advancing towards us with gigantic strides.

The air was full of sound, a deafening and confusing conflict of noises.

The generators of the heat-rays waved high, and the hissing beams struck down this way and that.

People were running, like little frogs hurrying through grass from the advance of a man, or running to and fro in utter dismay on the towing path.

I fell down helplessly, in full sight of the Martians, expecting nothing but death.

I have a dim memory of a foot of a Martian coming down within a few metres of my head.

And then, very slowly, I realised that I had escaped by a miracle.

I saw the four Martians lifting the debris of their comrade between them and carrying it away.

They had no doubt overlooked many such stray and negligible victims as myself.

The Martians retreated to their original position at Horsell. They seemed to be in no hurry for cylinder would follow cylinder every twenty-four hours, bringing them fresh reinforcement.

I found an abandoned boat and used it to make my way downstream, towards London.

I figured that the river was my best chance of escape should the Martians return.

Weary and full of pain, I drifted for a long time.

I reached Walton exhausted. I just could not go on. I suppose the time was about four or five o'clock then.

All I wanted to do was rest.

I got up presently, walked a bit, and not meeting a soul, lay down again in the shadow of a hedge.

I seem to remember talking, wonderingly, to myself during that last spurt of energy before I fell asleep.

I was also very thirsty, and bitterly regretful that I had not drunk water.

Meanwhile, the Martians remained busy with preparations in the Horsell pit that day.

The Martians are over there. Their advance has only been temporarily halted.

Even as I spoke, from beyond the low hills across the water came the dull resonance of distant guns and weird crying.

The Ripley gunners fired one wild, premature, ineffectual volley and bolted on horse and foot through the deserted village.

A Martian walked serenely over to their guns, stepped gingerly among them, and came upon the guns at Painshill Park, which it destroyed.

The Martians were moving, as it seemed, upon a cloud, for a milky mist covered the fields and rose to the sky.

We had better follow this path northwards.

We then hurried wearily and painfully along the road.

One by one, the Martians began firing their new weapons.

THWADOOOM!

I expected to see smoke or fire, or some evidence of its work.

But all I saw was the deep blue sky, and the white mist spreading wide and low beneath.

THWADOOOM!

Every moment I expected the fire of some hidden battery to spring upon the Martians, but the evening calm was unbroken.

The Martians had discharged a huge canister, which smashed on striking the ground, and let out an enormous volume of heavy vapour.

The touch of that vapour, the inhaling of its pungent wisps, meant death to all that breathed.

We raced as hard as our legs would carry us, away from the fields of fatality.

The heat-rays and the vapours of death were wiping out our forces, and I could only watch in horror as a fourth cylinder plummeted to Earth.

As we moved from Sunbury into Kew, my feet hurt and my back ached, but I would not be stopped.

The image of my wife kept me moving, despite the pain.

Dodging the Martians and their scouring patrols was dangerous to say the least, but the idea of reaching Leatherhead would not let me rest.

It was the first time I realised that the Martians might have another purpose for defeating humanity.

I noticed that the Martians had now changed their annihilation tactics.

They were now picking up men and tossing them into metallic carriers behind their back.

Move! Move!

We ran, and fortunately fell into a ditch, where we lay quietly for some time.

I suppose it was nearly eleven o'clock before we gathered courage again to venture out onto the road. We had just reached Sheen...

Please, I must get something to drink. Let's search in one of these houses, please.

It was easier said than done.

As the hours stretched on, the narrow opening that allowed us to view the pit became irresistible, and we fought for the privilege of looking out of it.

From the beginning, I knew we had absolutely incompatible dispositions...

...and our danger and isolation only accentuated the incompatibility.

He ate more than I did, and I stressed in vain the need for rationing. He ate and drank impulsively, and slept little.

I hated his helpless exclamations.

I hated his stupid rigidity of mind.

I hated his endless muttering and his nonsensical ramblings.

I hated his constant weeping.

I hated him.

A large metallic snake of a tentacle came into the room. I hid in the coal cellar, too scared to even breathe.

I saw the Martian scrutinising the curate's head.

I thought at once that it would infer my presence from the mark of the blow I had given him.

I crept back into the coal cellar and began to cover myself with coal. I hoped to avoid the probing tentacle and its search.

Thankfully, the tentacle could not find me. For a long time it was silent, and then with an abrupt click, it went out of the cellar.

Lost in a sea of darkness, I could only see the demons of my own mind.

I tried to focus on the memory of my wife, but the curate kept shouldering his way into my thoughts.

All of the tenth day, I lay in the darkness of the cellar, buried among coal and firewood.

As I looked on what was left of the town of Sheen, I came to grips with a strange sensation.

It was a sense of dethronement, a persuasion that we were no longer masters of the planet, but animals under the Martian heel.

I was afraid the empire of man had passed away.

As soon as this sensation passed, my dominant instinct became hunger, brought on by my long and dismal fast.

I saw a patch of garden, as yet untouched by Martian destruction.

Here I found some young onions and a quantity of tender carrots.

My sole thought was bent on acquiring more food and to limp out of the accursed unearthly region of the pit.

For a time I believed that mankind had been swept out of existence, and that I walked amongst the ruins as the last man left alive.

I became convinced that the extermination of mankind had been accomplished in this part of the world. I thought the Martians were now destroying Berlin or Paris.

Walking along the empty road towards London, I was permeated by an oppressive isolation.

The farther I penetrated London, the profounder grew the stillness – a stillness not so much of death as that of suspense and expectation.

What I saw was appalling. London, the Mother of Cities, was now condemned and derelict.

It was near South Kensington that I first heard the howling. It seemed as if that mighty desert of houses had found a voice for its fear and solitude.

ULLA ULLA ULLA ULLA

The dismal howling continued through my wanderings across the city.

Around dusk, I discovered the source of the howling. It was a Martian, standing motionless and yelling for no reason.

Night and silence enveloped me. The solitude... the desolation... the terror seized me.

ULLA ULLA ULLA

As I moved away, the sound ceased abruptly.

They had been doomed from the beginning, rotting and dying even as they went about wreaking destruction.

My heart lifted gloriously, as the rising sun struck the world with its golden rays.

The mighty engines, so great and wonderful in their power and complexity, were now silent.

Death had come not a day too soon.

The torment was over, and the healing would begin.

The survivors — leaderless, lawless, foodless, like sheep without a shepherd — would begin to return.

The pulse of life, growing stronger and stronger, would beat again in the empty streets and pour across the vacant squares.

The hand of the destroyer had now been stayed.

"Thank you, God!"

I remained in London for a full week. A family was nice enough to take me in, and provide me with food and shelter.

But it was during this time that I learnt the fate of Leatherhead.

Two days after I had been imprisoned, a Martian had destroyed the town and every soul in it, like a boy would crush an anthill.

I felt terribly lonely and sad. My thoughts dwelt on my wife and the old life of hope and tender helpfulness that had ceased forever.

I felt a vague, growing craving to look once more upon whatever remained of the life that had once seemed so happy and bright.

"Good bye!"

"I promise I will be back again."

I could no longer resist the impulse, even though my hosts tried their best to dissuade me. I went out again into the streets, towards Woking.

As I walked my way back home, my mind seemed to dwell on the things left unsaid between me and my wife.

WOKING

I thought of all the missed opportunities.

Ghosts of my adventures — and the mistakes of my past — stalked me, and I pondered helplessly on what I could have done differently.

Such is it with all regret, I imagine.

I learnt that the landlord of The Spotted Dog Inn had already been buried.

"It's good to see you, my friend."

"Same here. Glad to see you have survived."

I looked at my house with a quick flash of hope that faded immediately. I perceived the folly of the faint hope that I had cherished for so long.

My home was desolate.

It looked the same as I had left it nearly four weeks ago.

I was assaulted by a sense of emptiness and memories of my life in the house.

I could not help but think of my wife.

I thought about how everything — **everything** — had been changed so abruptly, so dramatically by a falling star.

But then the strangest thing happened....

It is no use. The house is deserted.

MYSTERIES OF THE WORLD

In **The War of the Worlds**, aliens from Mars – Martians – attack Earth. Could HG Wells' novel be based on some element of truth? Could there be life on Mars? Is there intelligent life on other planets, and do aliens come to visit our planet once in a while? Read on to know some mind-boggling information on UFO (unidentified flying objects) sightings, strange happenings, and the ever-intriguing planet Mars.

UFO SIGHTING

In 1987, while clicking photographs of the Ilkley Moor in England, Philip Spencer heard a humming sound. He turned around to see a small green creature, around four feet tall. According to Spencer, the creature moved away quickly, and when Spencer shouted, it turned and waved an arm dismissively. Spencer immediately took a photograph. Spencer followed the creature and saw a huge silver saucer disappear into the clouds. Apparently, the humming sound was from the saucer. Spencer lost more than two hours of his time and his compass also went haywire. The picture was shown to a UFO researcher and investigations started. Wildlife photography experts and Kodak laboratories revealed that the green creature was no animal and that the saucer was indeed part of the photo and not superimposed!

CROP CIRCLES

Crop circles are mysterious formations found in crop fields. The crop is found flattened in intricate patterns that weren't there the previous day. No one has yet been able to explain how they are created.

The stalks within the circle are not broken. They are just bent a few centimetres above the ground, which lets them continue to grow horizontally. No tracks are found leading into or out of a crop circle pattern, and the earth beneath is undisturbed! Investigators have detected strong energy fields in such an area, and many eyewitnesses have sighted UFOs or strange lights in the sky in the surrounding areas where these crop circles are later found.

DIVERSION

What's even stranger?

Inside Crop Circles:

- Birds alter their flight path!
- Cameras stop working, and batteries lose their charge!

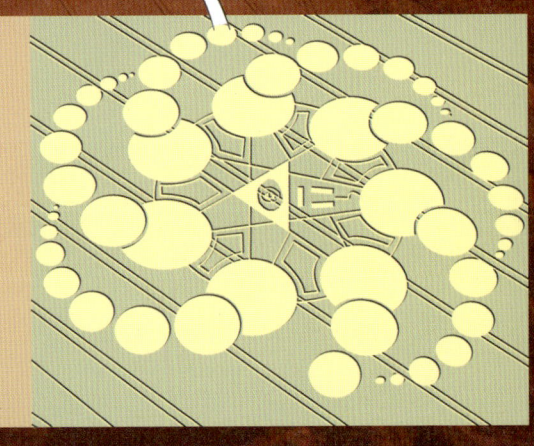

MYSTERIOUS MARS

This famous planet, named after the Roman god of war, is the one that we earthlings are most fascinated with. In the 1880s, telescopes revealed strange markings on Mars which convinced people that Mars had canals built by an alien race!

Since the 1960s, many space missions have provided scientists with loads of interesting information. Currently, an ongoing robotic space mission by NASA (National Aeronautics and Space Administration) has sent two rovers – unmanned remote-controlled vehicles used to carry out scientific research – named Spirit and Opportunity to explore Mars.

HERE ARE SOME MORE INTERESTING FACTS ABOUT THE RED PLANET:

Mars has the largest mountain in the Solar System! Olympus Mons on Mars rises a full 24 km above its surrounding plain. Its base is more than 500 km across and is framed by a 6-km high cliff! That makes Mount Everest – roughly 8.85 km tall – look like a pimple!

The largest canyon in Mars makes the Grand Canyon look tiny! Valles Marineris, a network of canyons on Mars, runs 4000 km long and stands from 2 to 7 km tall while the Grand Canyon is just about 446 km long and 1.83 km tall.

Water on Mars? Though there is no water on Mars now, scientists claim that large lakes or even oceans might have once existed on this planet. Clear evidence of water erosion can be seen in old river channels and floodplains. It seems that water existed long ago, but only for a very short while.

DID YOU KNOW?

- A 1938 radio broadcast of *The War of the Worlds* in USA scared millions of listeners into believing that aliens from Mars were actually coming to attack Earth! It resulted in a mass panic attack amongst listeners!

- A 23-feet high sculpture of a tripod fighting machine, called 'The Martian', based on the description of Martian fighting machines in the novel, stands near the railway station in Woking, England.

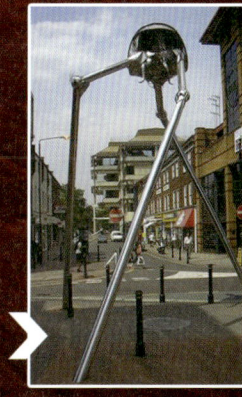

Hyejiwon English-Korean Graphic Novels Series

혜지원 영한 대역 그래픽 노블 시리즈는
여러분께 영어 학습 효과는 물론 재미와 감동까지 선사합니다.

그래픽 노블 시리즈
지킬 박사와 하이드 정가 : 12,000원

그래픽 노블 시리즈
베니스의 상인 정가 : 12,000원

그래픽 노블 시리즈
타임머신 정가 : 12,000원

그래픽 노블 시리즈
오즈의 마법사 정가 : 12,000원

혜지원 Graphic Novel Series

그래픽 노블 시리즈
황야의 부름　　정가 : 12,000원

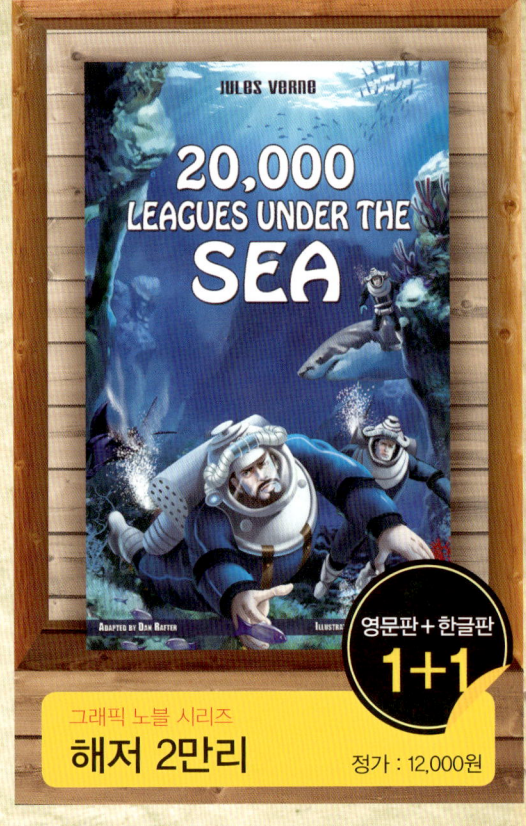

그래픽 노블 시리즈
해저 2만리　　정가 : 12,000원

그래픽 노블 시리즈
왕자와 거지　　정가 : 12,000원

그래픽 노블 시리즈
크리스마스 캐럴　　정가 : 12,000원

허버트 조지 웰스 원저

우주 전쟁

라이언 폴리 각색

영문판+한글판
1+1

혜지원 영한 대역 그래픽 노블 시리즈
No.11

This book belongs to:

....

허버트 조지 웰스 원저

우주전쟁

초판 인쇄일	2012년 5월 5일
초판 발행일	2012년 5월 11일
지은이	H. G. Wells
번역자	한미전
발행인	박정모
발행처	도서출판 혜지원
주소	서울시 동대문구 장안1동 420-3호
전화	02)2212-1227
팩스	02)2247-1227
홈페이지	http://www.hyejiwon.co.kr

편집진행	김형진, 이희경
전산편집	이희경
표지디자인	안홍준
영업마케팅	김남권, 황대일, 서지영
ISBN	978-89-8379-721-6
	978-89-8379-710-0 (세트)
정가	12,000원

Copyright © 2010 Kalyani Navyug Media Pvt Ltd.
Published by Campfire, an imprint of Kalyani Navyug Media Pvt Ltd.
Korean Translation Copyright © 2012 by Hyejiwon Publishing
All rights reserved.
Including the rights of reproduction in whole or in part in any form.

이 책은 한국판 저작권을 Campfire와 혜지원이 독점 계약하여 펴내는 책으로
저작권법에 의해 보호를 받는 저작물이므로 어떠한 형태의 무단 전재나 복제를 금합니다.

● 잘못 만들어진 책은 구입한 서점에서 교환해 드립니다.

작가에 대하여

과학 소설의 선구자 가운데 한 사람으로 손꼽히는 허버트 조지 웰스는 1866년 9월 21일 영국에서 태어났습니다. 소작농이던 그의 부모는 나중에 상점을 운영했습니다. 웰스는 책 읽기를 매우 좋아했지만 입에 풀칠하기도 빠듯했던 가난 때문에 학창시절을 학교수업과 여러 허드렛일을 하면서 보내야 했습니다. 그는 포목점 견습생부터 약국의 약사 보조까지 모든 일을 했습니다.

웰스는 18살에 생물학을 공부하기 위해 켄징턴에 있는 과학사범학교에 들어갔습니다. 그곳에서 그는 T H 헉슬리의 가르침을 받았습니다. 이때가 그의 작가 생활에 막대한 영향을 준, 인생에서 매우 중요한 시기였습니다.

웰스는 1888년 런던대학에서 이학 학사를 받고 교사생활을 시작했습니다. 그는 본업 이외에 소설과 언론기사들을 즐겨 쓰다가 점차 본업이 글 쓰는 일로 바뀌어 버렸죠. 그는 1891년에 사촌인 아사벨 메리 웰스와 결혼했습니다.

1895년은 웰스에게 개인적으로, 그리고 직업적으로 전환점이 되는 해였습니다. 그는 첫 번째 부인과 헤어지고 제자였던 에이미 캐서린 로빈스와 결혼했습니다. 같은 해에 그는 첫 번째 소설이자 대표작인 『타임머신』을 출간했습니다.

『타임머신』은 지금까지도 최고의 공상과학 소설 중 하나로 꼽히고 있습니다. 웰스는 평범하지 않은 주제를 가지고 자기만의 독특한 해석을 하면서 새로운 장르를 개척했는데, 그런 맥락에서 발표된 일련의 성공적인 작품들 가운데 『타임머신』이 첫 번째 작품이었습니다. 『우주전쟁』에 나오는 외계인 침공, 『투명인간』의 눈에 보이지 않는 모습, 『모로 박사의 섬』의 우생학 등은 이후 여러 세대에 걸쳐 많은 작가들에게 영감을 주었습니다.

웰스가 공상과학 소설로 가장 유명하기는 하지만 그는 다양한 장르의 작품들을 썼습니다. 사회 변화의 지지자이면서 영국 사회주의자 그룹인 페이비언 협회 회원이었던 웰스는 말년에는 자신의 정치적 사회적 관점에 대한 글을 쓰면서 대부분의 시간을 보냈고, 심지어 세계가 나아가야 할 방향을 예견하기도 했습니다. H. G. 웰스는 그가 1946년 79세의 나이로 생을 마감할 때까지 꾸준히 작품 활동을 했습니다.

일생에서 중요했던 일들을 회상하는 것을 보면 재미있다. 당시에는 그 일들이 별로 특별한 의미가 없어 보인다.

거의 6년 전 오터쇼에서 유명한 천문학자인 오길비와 함께 있었던 그날 밤처럼.

그날 '데일리 텔레그래프'가 화성에서 처음 발생된 수소로 이루어진 거대한 불꽃 덩어리가 엄청난 속도로 지구를 향해 움직이고 있는 모습이 포착됐다고 짧게 보도했다.

그 소식에 흥분한 오길비는 그 붉은 행성을 자세히 살펴보자며 나를 초대했다. 하지만 우리는 눈으로 보고 있는 물체의 규모는 알지 못했다.

그날 밤 그 먼 행성에서 또 다른 가스가 분출되었다. 자정을 막 넘긴 시각에 나는 하나의 섬광을 보았다.

오길비는 내 자리에 앉아 우리를 향해 다가오는 가스 띠를 보았다.

저게 뭘까, 오길비? 저들이 우리에게 신호를 보내는 걸까?

아니야, 친구, 전혀 아니야. 화성에 유성들이 심한 소나기처럼 떨어지는 걸 거야.

'그게 아니면 거대한 화산이 폭발한 것일 수도 있겠지.'

'지능을 가진 어떤 생명체가 우리에게 신호를 보낸다? 아니야, 그렇게는 믿고 싶지 않네.'

하지만 불행하게도 화성인들이 반응을 보였다. 빛이 나는 초록색 연기를 공중에 내뿜었다.

동시에 아주 작은 쉬쉬 소리가 들려왔다.

쉬이이이즈으으으

그러더니 쉬쉬하던 소리가 천천히 웡웡 소리로 바뀌었다.

윙윙거리는 소리는 곧 길고 크고 단조로운 소리로 바뀌었다.

웨엥

갑자기 불빛이 하나둘 뿜어져 나오더니 흩어져 있던 사람들에게로 흩어졌다.

사람들 하나하나가 갑자기, 그리고 순식간에 불길로 변하는 것 같았다.

웨엥

보이지 않는 뜨거운 빛의 광선과 열이 길 위의 모든 것을 태워버리면서 내 쪽으로 다가오는 것이 느껴졌다.

나는 죽을힘을 다해 뒤돌아서 헤더 꽃을 통과해 달리기 시작했다.

첫 번째 포탄이 삼각대 후드 몇 미터 상공에서 터졌다. 그와 동시에 두 개의 포탄이 더 날아들었는데 후드가 방향을 트는 바람에 포탄은 허공에서 터져버리고 말았다. 하지만 네 번째 포탄은 피하지 못했다.

목이 잘린 괴물이 술 취한 거인처럼 휘청거렸다. 하지만 쓰러지지는 않았다.

그리고 방향을 옆으로 틀어 어기적 몇 걸음 움직이다가 엄청난 힘으로 강물에 고꾸라졌다.

몸을 제대로 가누지도 못하면서 곧바로 돌진하더니 세퍼튼 교회 탑을 치면서 교회를 박살냈다.

엄청난 폭발이 공중을 흔들었고 물줄기, 증기, 진흙, 그리고 부서진 금속 파편들이 하늘로 치솟았다.

거의 델 정도의 뜨거운 진흙 파도가 강 상류를 휩쓸고 돌았다.

사람들은 죽을힘을 다해 육지로 도망갔고 화성인이 파괴되면서 지르는 괴성보다 더 큰 비명과 아우성이 들렸다.

잠깐 동안, 열을 피해 몸을 보호해야 한다는 것까지 깜빡 잊고 있었다.

그 잔해에서 엄청난 증기 구름이 피어올랐고 거대한 팔다리가 물을 휘젓는 바람에 진흙과 거품이 공중으로 튀어 올랐다.

마치 부상당한 것들이 파도에 갇혀서 살려고 발버둥치는 것 같았다.

화성인들은 차례로 새로운 무기를 발사하기 시작했다.

나는 연기나 불꽃, 또는 어떤 발사 흔적들이 보일 것으로 기대했었다.

하지만 내 눈에 보인 것은 깊고 푸른 하늘과 넓고 낮게 퍼지는 하얀 연무뿐이었다.

숨겨져 있던 대포가 화성인들을 향해 발포할 것을 기대했지만 밤의 정적은 끝까지 깨지지 않았다.

화성인들이 엄청나게 큰 금속 용기 하나를 발사했다. 그것이 땅에 처박히면서 엄청난 양의 무거운 증기를 내뿜었다.

그 증기를 만지거나 증기의 자극적인 연기를 흡입하면 그것은 곧 죽음이었다.

우리는 죽음의 들판을 빠져나가려고 죽을힘을 다해 달렸다.

열선과 죽음의 증기는 우리의 전투력을 초토화시켰다. 나는 지구를 향해 날아오는 네 번째 실린더를 망연자실하게 바라만 보았다.

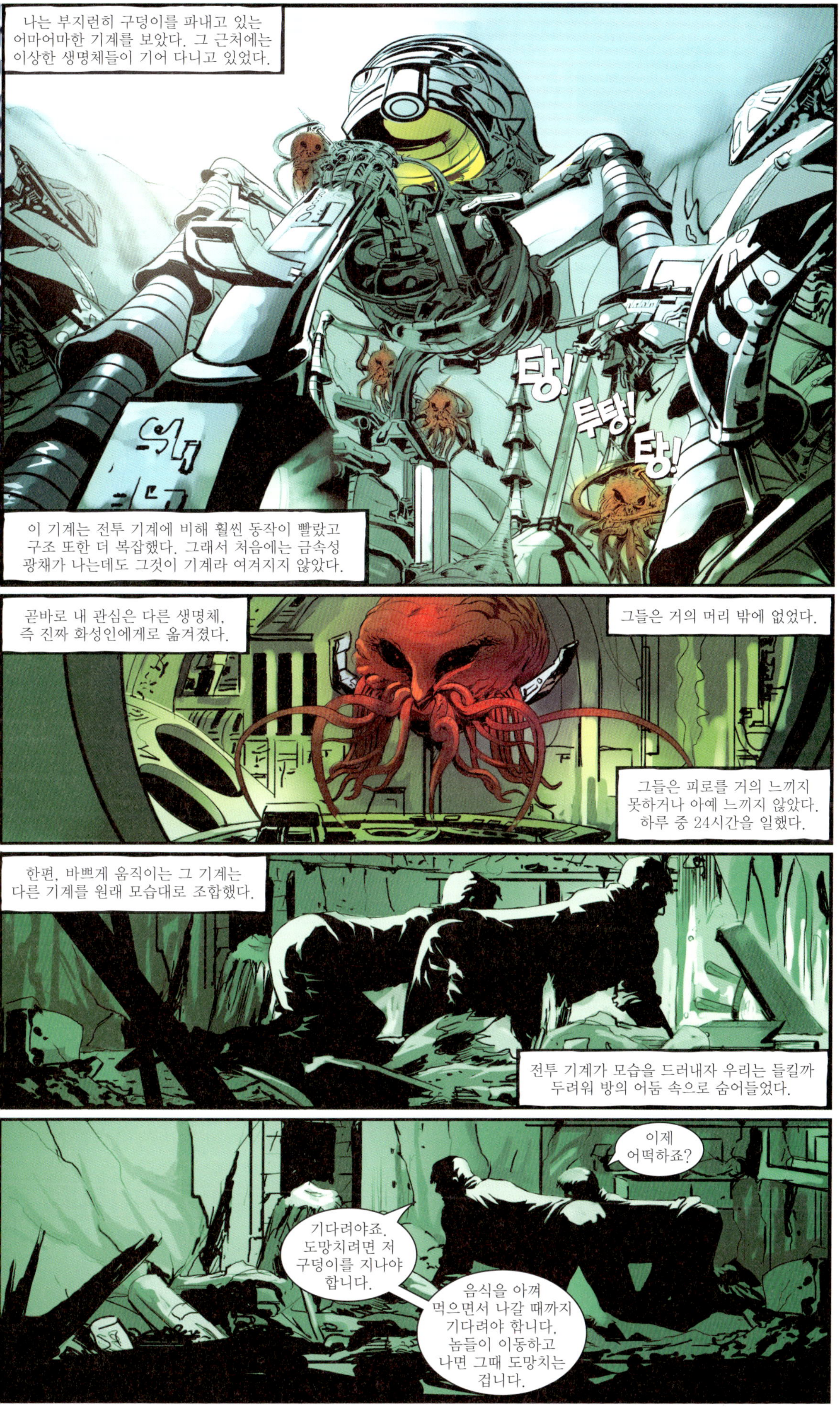

나는 부지런히 구덩이를 파고 있는 어마어마한 기계를 보았다. 그 근처에는 이상한 생명체들이 기어 다니고 있었다.

이 기계는 전투 기계에 비해 훨씬 동작이 빨랐고 구조 또한 더 복잡했다. 그래서 처음에는 금속성 광채가 나는데도 그것이 기계라 여겨지지 않았다.

곧바로 내 관심은 다른 생명체, 즉 진짜 화성인에게로 옮겨졌다.

그들은 거의 머리 밖에 없었다.

그들은 피로를 거의 느끼지 못하거나 아예 느끼지 않았다. 하루 중 24시간을 일했다.

한편, 바쁘게 움직이는 그 기계는 다른 기계를 원래 모습대로 조합했다.

전투 기계가 모습을 드러내자 우리는 들킬까 두려워 방의 어둠 속으로 숨어들었다.

"이제 어떡하죠?"

"기다려야죠. 도망치려면 저 구덩이를 지나야 합니다."

"음식을 아껴 먹으면서 나갈 때까지 기다려야 합니다. 놈들이 이동하고 나면 그때 도망치는 겁니다."

거대한 뱀같이 생긴 금속 촉수가 방 안으로 들어왔다. 나는 너무 겁이나 제대로 숨도 쉬지 못하고 지하 석탄고에 숨어버렸다.

그 화성인이 목사의 머리를 살피는 모습이 보였다.

혹시라도 목사를 내리친 자국을 보고 내 존재를 알게 될지도 모른다는 생각이 들었다.

나는 석탄저장고로 다시 기어들어가 석탄으로 몸을 덮기 시작했다. 촉수가 들어와 살피는 것을 피하고 싶었다.

다행히도 촉수는 나를 발견하지 못했다. 오랫동안 침묵을 지키던 놈이 갑자기 딸깍 소리를 내고 저장고를 빠져나갔다.

어둠의 바다에 빠진 나는 마음속의 악령들만 보였다.

아내 생각만 하려고 애썼지만 목사 생각이 자꾸 내 생각 속으로 밀고 들어왔다.

10일째가 되던 날에도 나는 캄캄한 저장고 속에서 석탄과 장작 사이에 누워 있었다.

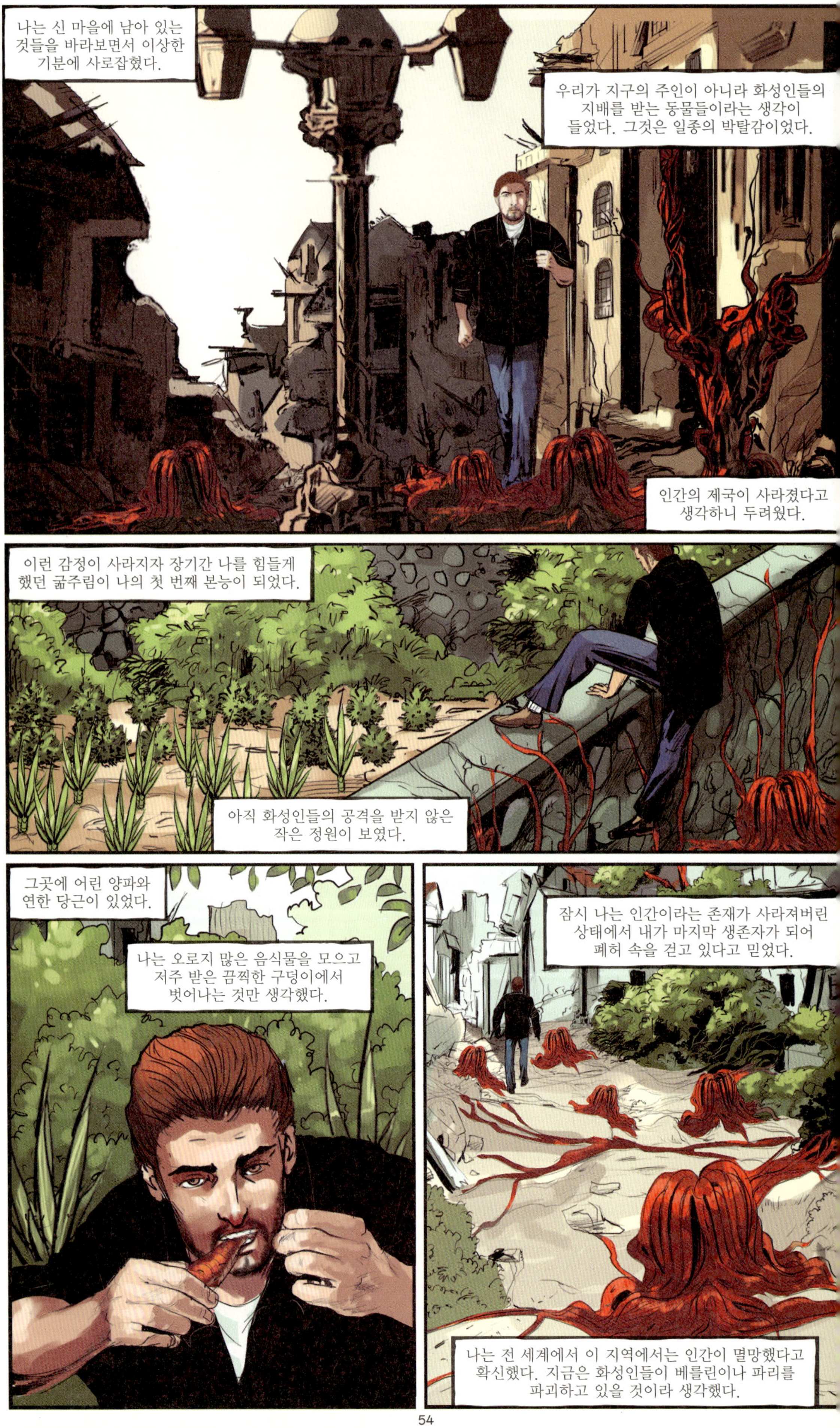

나는 신 마을에 남아 있는 것들을 바라보면서 이상한 기분에 사로잡혔다.

우리가 지구의 주인이 아니라 화성인들의 지배를 받는 동물들이라는 생각이 들었다. 그것은 일종의 박탈감이었다.

인간의 제국이 사라졌다고 생각하니 두려웠다.

이런 감정이 사라지자 장기간 나를 힘들게 했던 굶주림이 나의 첫 번째 본능이 되었다.

아직 화성인들의 공격을 받지 않은 작은 정원이 보였다.

그곳에 어린 양파와 연한 당근이 있었다.

나는 오로지 많은 음식물을 모으고 저주 받은 끔찍한 구덩이에서 벗어나는 것만 생각했다.

잠시 나는 인간이라는 존재가 사라져버린 상태에서 내가 마지막 생존자가 되어 폐허 속을 걷고 있다고 믿었다.

나는 전 세계에서 이 지역에서는 인간이 멸망했다고 확신했다. 지금은 화성인들이 베를린이나 파리를 파괴하고 있을 것이라 생각했다.

그날 밤에는 퍼트니 힐 정상에 있는 여인숙에서 잤다. 문을 부수고 안으로 들어가 음식을 찾아 모든 방을 뒤졌다.

감사하게도 비스킷을 찾아내 허기를 달랠 수 있었다. 목욕도 하고 몇 벌의 옷도 찾았다.

그날 밤 나는 레더헤드로 가겠다고 나선 후 처음으로 침대에서 잠을 잤다.

세 가지가 내 마음을 차지하려고 몸부림쳤다. 그것은 아내의 운명, 화성인들의 행방, 그리고 목사의 죽음이었다.

음식을 먹고 힘을 얻기는 했지만 내 계획들은 막연한 충동에 불과했다.

아내를 찾기가 거의 불가능하다는 걸 알면서도 나는 레더헤드를 찾아 가기로 했다. 그녀는 분명히 그곳을 빠져나갔을 것이다.

나는 정말 아내를 찾고 싶었다. 아내와 인류를 생각하면 가슴이 아팠지만 어떻게 해야 할지 정말 알지 못했다.

런던을 향해 텅 빈 거리를 걷다보니
숨이 막힐 것 같은 외로움이 느껴졌다.

런던 시내에 들어갈수록 정막감은 더 깊어갔다.
죽음이 아닌 긴장과 기대로 인한 고요함.

눈에 보이는 것들은 끔찍했다.
'도시의 어머니'라는 런던 시가지는
저주받고 버려져 있었다.

처음으로 울부짖는 소리가 들린 곳이 사우스
킹스턴 거리 근처였다. 황폐하게 버려진 집들이
공포와 고독으로 울부짖는 것만 같았다.

그 음울한 울부짖음이 도시를 방황하는
내 귀에 계속 들려왔다.

땅거미가 질 즈음에서야 나는 울부짖음의
근원지를 찾아냈다. 그것은 꼼짝 않고 서서
혼자 소리를 질러대고 있는 화성인이었다.

밤의 정적이 나를 감쌌다.
고독... 황량함...
공포가 엄습해 왔다.

내가 뒤로 물러서자 그
소리가 갑자기 뚝 그쳤다.

처음부터 그들은 분노하며 파괴를 할 때조차 부패하고 죽어가고 있었다.

대단히 강력하고 뛰어나게 정교했던 거대한 엔진들이 지금은 조용하기만 하다.

태양이 세상을 비추며 금빛 광선을 비추자 기분이 매우 좋아졌다.

죽음이 하루라도 더 빨리 왔으면 좋았을 텐데.

고통이 끝났으니 치유가 시작될 것이다.

양치기 없는 양떼들처럼 지도자도 없고 법도 없고 식량도 없지만 살아남은 사람들은 다시 돌아오기 시작할 것이다.

점차 강해지는 생명의 맥박이 텅 빈 거리에서 다시 고동칠 것이고 공허한 광장 건너까지 흘러갈 것이다.

하느님, 감사합니다!

파괴자들의 손이 움직이지 않고 있다.

거의 4주 전에 내가 떠날 때와 같은 모습이었다.

공허함과 이 집에서의 추억들이 나를 괴롭혔다.

아내 생각을 하지 않을 수 없었다.

하늘에서 떨어진 별로 인해 어떻게 모든 것들이 그렇게 갑자기, 그리고 극적으로 바뀌었는지 생각해 보았다.

그때 이상한 일이 일어났다...

소용없어요. 집에는 아무도 없다고요.

혜지원 영한 대역 그래픽 노블 시리즈를 펴내며...

혜지원의 영한 대역 그래픽 노블 시리즈는 오랜 기간 전 세계인들에게 사랑 받아 온 고전과 위인들에 관한 이야기를 만화로 엮었습니다. 긴 시간 많은 사람에게 읽히고 그 가치를 인정 받아 온 고전에는 재미와 빛나는 철학이 담겨 있습니다. 또한 우리는 전기를 통해 저명한 인물의 삶과 시대를 탐험해 볼 수 있습니다.

이러한 고전과 위인전을 영어와 한글 두 가지 버전으로 모두 담아 그 내용을 더욱 깊이 이해하는 한편, 영어 실력 향상도 기대할 수 있도록 했습니다. 각각의 버전을 비교해서 읽으며 영어와 한글의 차이를 느껴 보는 것도 신선한 경험이 될 것이며, 재미있게 영어를 공부하는 기회도 될 것입니다.

상상력을 자극하는 이야기들을 섬세한 그림체로 구현해낸 혜지원의 그래픽 노블 시리즈를 통해 이야기에 더욱 몰입할 수 있습니다. 어렵고 긴 내용을 읽기 편한 길이와 만화로 담아 가독성을 높였으며, 원문을 최대한 살리되 이야기를 효과적으로 전달하기 위해 노력했습니다.

혜지원의 영한 대역 그래픽 노블 시리즈를 통해 이야기가 주는 매력에 푹 빠져 보세요. 상상력의 지평이 더욱 넓어지는 놀라운 경험을 하게 될 것입니다.

세계의 미스터리

소설 『우주전쟁』에서는 화성에서 온 외계인들이 지구를 침공합니다. 과연 H G 웰스의 소설은 어느 정도는 사실적인 요소에 근거를 두었을까요? 화성에 생명체는 존재할 수 있을까요? 다른 행성에 지능을 가진 생명체가 살고 있기는 할까요, 그리고 가끔씩, 외계인들이 지구를 방문하고 있기는 한 걸까요? 미확인비행물체(UFO)를 목격했다는 도저히 이해되지 않는 이야기와 이상한 사건들, 그리고 흥미로운 행성인 화성에 대해 알고 싶으면 계속 읽어보세요.

UFO의 목격

1987년, 영국의 황야 지대에서 사진을 찍고 있던 필립 스펜서는 윙윙거리는 소리를 들었습니다. 뒤를 돌아보니 1.2미터 크기의 작고 푸른 물체가 보였습니다. 스펜서에 따르면 그 물체가 빠르게 움직이는 바람에 스펜서가 소리를 지르자 돌아서서 땅을 흔들기에 재빨리 셔터를 눌렀다고 합니다. 그 물체를 따라간 스펜서는 거대한 은색 접시모양의 물건이 구름 속으로 사라지는 것을 목격했습니다. 윙윙거리는 소리는 분명히 그 접시모양에서 나온 것이었습니다. 그때 스펜서는 2시간 이상을 잃어버렸고 그의 나침반은 고장이 났습니다. UFO 조사관들은 그가 찍은 사진을 보고 조사에 착수했습니다. 야생동물 전문 사진작가들과 코닥 연구소 연구원들은 그 초록 물체가 동물이 아니며 접시는 조작된 것이 아니라 실제 사진의 일부라고 밝혔습니다!

크롭 서클

크롭 서클은 농지에서 발견되는 불가사의한 패턴입니다. 전날까지만 해도 멀쩡했던 곡식들이 복잡한 패턴으로 납작하게 눌려진 상태로 발견됩니다. 그것이 어떻게 만들어졌는지 설명할 수 있는 사람은 아무도 없습니다.

동그라미 안의 곡식 줄기들은 부러져 있지 않습니다. 단지 땅에서 몇 센티미터 높이에서 굽어져 있을 뿐이며 수직형태로 계속 성장합니다. 크롭 서클로 출입한 흔적은 전혀 발견되지 않고 있으며 땅 아래를 건드린 흔적 역시 없습니다! 연구원들은 어떤 특정 지역에서 강한 에너지를 감지하기도 합니다. 그리고 많은 사람들이 UFO를 목격하거나 주변 지역의 하늘에서 이상한 빛을 보는데 이후에 그 지역에서 크롭 서클이 발견되고 있습니다.

DIVERSION

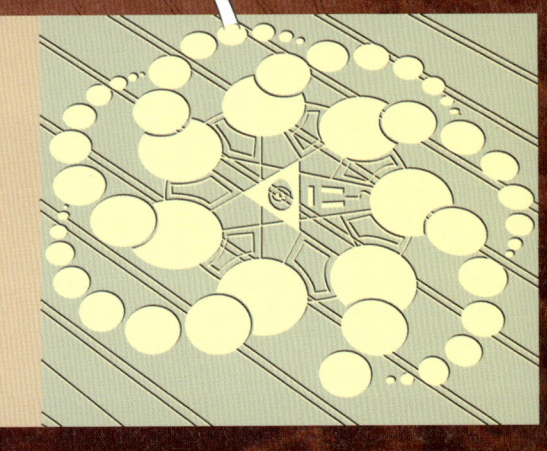

더 이상한 것?

크롭 서클 내부에서:

- 새들이 비행경로를 바꾼다!
- 카메라가 작동을 멈추고 배터리가 방전된다!

신비한 화성

로마신화 속 전쟁의 신에서 이름이 유래된 이 유명한 행성은 우리 지구인들이 가장 매력을 느끼는 행성입니다. 1880년대에 망원경들이 화성 표면에서 이상한 흔적들을 발견했습니다. 사람들이 그것이 외계인들에 의해 만들어진 수로였을 거라고 추정하고 있습니다.

1960년대 이후로 과학자들은 많은 우주 비행 임무에서 수집한 수많은 흥미로운 정보들을 제공받고 있습니다. 최근에 나사는 로봇 우주 비행 미션의 일환으로 화성 탐사를 위해 '영혼'과 '기회'라는 이름의 로봇을 화성으로 보냈습니다. 그 로봇들은 과학 연구를 시행하는 무인 원격 조종 차량들입니다.

화성에 대한 추가적인 재미있는 사실들:

화성은 태양계에서 가장 큰 산을 갖고 있습니다! 화성에 있는 올림퍼스 산은 주변 평지보다 24킬로미터 높이 치솟아 있습니다. 바닥의 직경은 6백 킬로미터가 넘으며 6킬로미터 높이의 절벽에 둘러싸여 있습니다. 따라서 8.86킬로미터 높이의 에베레스트 산을 마치 뾰루지처럼 만들고 있습니다!

화성에서 가장 큰 협곡은 그랜드 캐년을 왜소해 보이게 만듭니다! 그랜드 캐년이 길이 446킬로미터에 높이 1.83 킬로미터인데 반해 화성에 있는 협곡망인 마리너 계곡은 길이가 4천 킬로미터이고 높이가 2~7킬로미터에 이릅니다.

화성에 물이 있을까요? 지금은 화성에 물이 없지만, 과학자들은 이 행성에 거대한 호수나 대양이 존재했을 것으로 주장하고 있습니다. 물침식의 확실한 근거가 오래된 물골과 범람원에서 보이고 있습니다. 아주 오래 전에는 물이 있었지만 그리 오래 존재하지 않은 것으로 보입니다.

이거 알아요?

- 1938년 미국에서 『우주전쟁』에 대한 방송이 나가자 수백 만 청취자들은 실제로 화성의 외계인들이 지구를 침공할 것이라 믿으며 공포에 떨었습니다. 그것은 청취자들 사이에 대규모의 공황 발작을 불러왔습니다!

- 소설 속에 등장하는 화성인 전투 기계의 모습을 본 따서 만든 7미터 높이의 삼각대 전투 기계 조각 '화성인'이 영국의 워킹에 있는 철도역 근처에 있습니다.

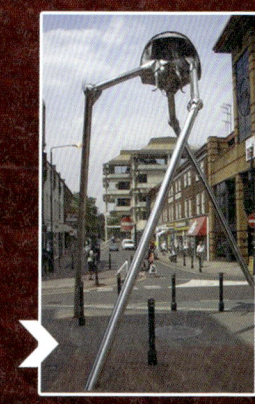

Hyejiwon English-Korean Graphic Novels Series

혜지원 영한 대역 그래픽 노블 시리즈는
여러분께 영어 학습 효과는 물론 재미와 감동까지 선사합니다.

우주 전쟁

영국의 런던.

20세기 동이 틀 무렵 인류 역사상 가장 중대한 사건이 발생했다. 외계 행성과의 접촉이 이루어진 것이다. 화성 표면에서 발사된 로켓 캡슐이 영국의 남부 전원지대에 떨어졌다.

두 행성 간의 첫 접촉으로 과학적인 호기심과 경이로움이 있어야 할 순간이 재앙의 순간으로 돌변한다. 화성인들의 파괴적인 무기는 그들이 왜 지구에 왔는지 그 이유를 여실히 보여준다. 그것은 지구에 대한 전면적인 침공이었다.

혼돈과 파괴 속에서 한 남자가 자신의 생존과 가족에게 돌아가기 위한 필사적인 시도를 감행한다. 허버트 조지 웰스의 걸작을 생동감 있게 각색한 이 책을 통해 그 남자가 맞닥뜨리는 믿기 어려운 사건들을 확인해보자.

정가: 12,000원

ISBN 978-89-8379-721-6
(세트) ISBN 978-89-8379-710-0